Vente les 17, 18, 19 et 20 Décembre 1866.

OBJETS D'ART

ET

CURIOSITÉS

DE LA RENAISSANCE & DU MOYEN-AGE

— *ANTIQUITÉS* —

Appartenant à M. SIGNOL, Marchand de Curiosités

Exposition le Dimanche 16 Décembre 1866

Me CHARLES PILLET, COMMISSAIRE-PRISEUR	M. CARLE DELANGE, EXPERT

EXEMPLAIRE DE H. STETTINER

CATALOGUE

DES

OBJETS D'ART

ET DE CURIOSITÉ

DE LA RENAISSANCE ET DU MOYEN AGE

ANTIQUITÉS GRECQUES, ROMAINES ET ÉGYPTIENNES

Marbres, Bronzes, Vases étrusques et Terres cuites.
Groupe en marbre de Paros : torses de Faune et de jeune fille, du plus beau travail grec.
Deux figures de génies en bronze, grandeur naturelle, par DONATELLO.—
Figurine équestre : Condottière du XVe siècle.
Marbres et Bronzes du XVIe siècle ; Ivoires, Bois sculptés, Faïences italiennes, Porcelaines, Fers forgés, et Armes du XVIe siècle.
Meubles anciens.

TABLEAUX ANCIENS ET PEINTURES SUR VÉLIN

Appartenant à M. SIGNOL, Marchand de Curiosités

DONT LA VENTE AUX ENCHÈRES PUBLIQUES AURA LIEU

PAR SUITE DE CESSATION DE COMMERCE

Hôtel Drouot, Salle n° 5

Les Lundi 17, Mardi 18, Mercredi 19 et Jeudi 20 décembre 1866.

A UNE HEURE ET DEMIE

Par le ministère de Me **CHARLES PILLET**, Commissaire-Priseur, rue de Choiseul, 11,
Assisté de M. **CARLÉ DELANGE**, expert, quai Voltaire, 3.

Chez lesquels se trouve le Catalogue.

EXPOSITION PUBLIQUE

Le Dimanche 16 *Décembre* 1866, *de une heure à cinq.*

CONDITIONS DE LA VENTE

Elle sera faite au comptant.

Les adjudicataires payeront *cinq pour cent* en sus des enchères

L'exposition mettant le public à même de se rendre compte de l'état des objets, il ne sera admis aucune réclamation une fois l'adjudication prononcée.

ORDRE DES VACATIONS

LUNDI

Faïences, Porcelaines, Terres cuites, Verres de Venise, Ivoires, Meubles.

MARDI

Bronzes, Armes, Tableaux.

MERCREDI

Antiquités.

JEUDI

Objets divers.

Paris. — Imp. de Pillet fils aîné, rue des Grands-Augustins, 5.

DÉSIGNATION DES OBJETS

ANTIQUITÉS

Marbres

1 — Marbre de Paros. Deux torses ayant conservé une partie des bras et des jambes, et représentant un faune lutinant une jeune fille.

Si le temps ni les hommes n'ont épargné ce précieux morceau, l'entrain et le charme de la composition, la science caractérisant une des belles périodes de l'art grec, subsistent encore et laissent deviner un chef-d'œuvre.

Trouvé à Catane (Sicile), sur l'emplacement d'un temple à Vénus.

2 — Console à tête de lion. la partie inférieure manque. Travail romain.

3 — Statuette d'Esculape.

Bronzes antiques

4 — Victoire marchant, tenant une palme d'une main et une couronne de l'autre. Haut. 0 mèt. 55 cent.

La patine noire qui recouvre la tête et les draperies de cette statue importante, a été endommagée à chacun des bras qui, par suite de ruptures, ont dû être soudés. L'emplacement des ailes offre aussi une patine assez récente. A cause de ces défauts et aussi de ses qualités cet objet mérite un sérieux examen.

5 — Statuette de pygmée ityphallique.

6 — Statuette d'Harpocrate.

7 — Hercule jeune.

8 — Statuette de Vénus, provenant de la Cyrénaïque.

9 — Statuette d'Apollon tenant la lyre, style archaïque.

10 — Statuette de femme drapée, de travail romain.

11 — Statuette de femme drapée, travail romain.

12 — Statuette de femme drapée.

13 — Statuette d'Hercule.

14 — Statuette de Mars, travail étrusque.

15 — Figurine de style archaïque.

16 — Vase en forme de tête de femme. — L'embouchure du vase est tronquée. Travail romain.

17 — Masque de bacchant couronné de lierre.

18 — Buste de jeune femme, avec traces de dorure.

19 — Buste de jeune femme, coiffure abondante.

20 — Buste d'homme cuirassé: peson. Travail romain.

21 — Buste de guerrier de style étrusque, ayant servi de peson.

22 — Statuette de Vénus et une statuette d'éphèbe.

23 — Un mascaron tête de faune et figurine de faune accroupi.

24 — Un éphèbe de style étrusque, et une statuette de Cybèle.

25 — Groupe de deux lutteurs et un petit candélabre.

26 — Tête de jeune femme.

27 — Lion couché, style étrusque.

28 — Panthère assise tenant un débris.

29 — Tête de sanglier et tête de taureau à face humaine.

30 — Lampe formée du corps d'un cygne.

31 — Lampe formée de la tête de Maccus.

32 — Vase accompagné d'une anse et de sa chaîne.

33 — Phiale à godrons. — A été argentée.

34 — Fragment de statue représentant un bras et la main tenant une fleur.

35—37— Trois fibules, dont deux de travail antique et l'autre d'époque carlovingienne.

38 — Glaive romain muni de son fourreau.

39 — Clef formée d'une tête de lion. Art romain.

40 — Cimier ou partie supérieure d'un casque, représentant une tête de griffon. Travail étrusque.

41 — Simpulum et anse de vase.

42 — Monture de ciste étrusque. Un des pieds manque.

43 — Hache de forme élégante, ayant probablement appartenu à une statuette d'amazone.

44 — Fragment d'ornementation d'un travail remarquable, dont la destination nous est inconnue.

Vases peints

45 — Amphore. — La partie supérieure est occupée par une course de panthères ; au-dessous, une danse très-animée de faunes ityphalliques aux pieds de cheval ou de mulet, particularité très-rare. Haut. 0 mèt. 41 cent.

46 — Amphore. — Deux personnages sur un bige ; trois autres président au départ. Au revers, un hoplite et deux interlocuteurs, homme et femme. Haut. 0 mèt. 32 cent.

47 — Amphore. — Hercule combattant le lion de Némée ; deux personnages le regardent. Au revers, bacchants, dont l'un est chargé d'une outre. Haut. 0 mèt. 33 cent.

48 — Amphore à rotules. — D'un côté une tête de femme et de l'autre un éphèbe dans un temple. Haut. 0 mèt. 53 cent.

49 — Amphore. — Bacchus assis, tenant un vase, parle à une déesse assise ; en regard et de chaque côté, un œil mystique. Au revers, bacchant monté sur un mulet ityphallique. Haut. 0 mèt. 42 cent.

50 — Amphore. — Deux guerriers assis semblent livrés à une consultation augurale, leur armure est déposée près d'eux. Au revers, athlètes et danseurs. Haut. 0 mèt. 40 cent.

51 — Amphore représentant deux combattants. Haut. 0 mèt. 39 cent.

52 — Amphore — Combat, scène héroïque. Haut. 0 mèt. 40 cent.

53 — Amphore. — Vase très-dégradé. Haut. 0 mèt. 40 cent.

54 — Hydrie. — Joûte hippique; à gauche, un cippe. Tableau inférieur : Bacchus assis tenant un vase ; des ménades l'entourent en dansant. Haut. 0 mèt. 37. cent.

55 — Hydrie. — Marche 'typhallique. Tableau inférieur : Minerve et quatre personnages. Haut. 0 mèt. 37 cent.

56 — Hydrie. — Hercule combattant le lion de Némée. Tableau inférieur : Quadrige, divers personnages, dont Apollon Citharède placé auprès des chevaux. Haut. 0 mèt. 45 cent.

57 — Hydrie. — Repas funèbre. Haut. 0 mèt. 32 cent.

58 — Hydrie. — Hercule se préparant à enchaîner Cerbère. Haut. 0 mèt. 32 cent.

59 — Hydrie. — Jeune femme tenant des instruments mystiques. A gauche, une autre femme joue de la double flûte. Haut. 0 mèt. 48 cent.

60 — Hydrie représentant deux discoboles. Haut. 0 mèt. 35 cent.

61 — Œnochoé de fabrique grecque. Peinture rouge de style ancien, représentant un épisode du siége de la ville de Troie ; au revers, sujet funéraire. Haut. 0 mèt. 27 cent.

Vente du cabinet Fould.

62 — Cissybion décoré du personnage ailé Kerr, génie de la mort, et divers attributs funéraires. Haut. 0 mèt. 33 cent.

63 — Amphore d'une très belle forme. Certaines parties sont dégradées. Haut. 0 mèt. 45 cent.

64 — Vase à sacrifice, rebord du vase orné d'animaux de style ancien.

*

65 — Autel de style archaïque, dont le plateau est supporté par trois figures en partie coloriées.

66 — Vase de forme singulière, représentant trois pieds reposant sur une plate-forme. Gravures de style archaïque.

67 — Vase dit de Corinthe, à large ouverture, décoré de quatre zones occupées par des animaux en marche. Haut. 0 mèt. 30 cent.

68 — Divers petits vases de formes variées.

Ce lot sera divisé.

Terres cuites

69 — Muse. Haut. 0 mèt. 10 cent.

70 — Figure de femme drapée.

71 — Vénus, dont la tête est surmontée d'une draperie.

72 — Figure de femme drapée.

73 — Figure de femme drapée. Elle conserve des traces de peinture.

74 — Tête de taureau de style ancien.

75 — Tête de bacchant de style ancien.

76 — Figure de cheval marin.

77 — Tête de lion de grand style.

78 — Diverses figurines de dimensions variées.

Ce lot sera divisé.

79 — Divers fragments de statuettes et ustensiles.

Ce lot sera divisé.

80 — Diverses figures d'animaux, vases et attributs symboliques.

Ce lot sera divisé.

Antiquités diverses

81 — Collier en or portant une sardonyx.

82 — Buste de femme en médaillon. Porphyre oriental.

83 — Camée : buste d'enfant. Travail romain.

84 — Fragment de fresque représentant une femme drapée.

85 — Petit vase à parfums en albâtre; un dé à jouer.

86 — Main phallique, cristal de roche.

87 — Statuette représentant le dieu Horus. Travail égyptien.

88 — Un collier égyptien en terre émaillée.

89 — Deux scarabées égyptiens.

90 — Figurine de Phtah en terre émaillée.

91 — Diverses pièces en ivoire : manches de poignards, de couteaux, présentoirs, etc.

Ce lot sera divisé.

92 — Nombre de verres de formes variées.

Ce lot sera divisé.

93 — Une stèle égyptienne.

94—95 — Main phallique en verre émaillé, et une tessère en nacre représentant un poisson.

96—97—98 — Deux fresques et une mosaïque antiques.

OBJETS DE LA RENAISSANCE

ET AUTRES

Bronzes

99 — Statue équestre de condottiere dans une attitude de commandement.

Sans parler de l'armure d'une exactitude scrupuleuse, nous attirerons l'attention sur la finesse expressive de la physionomie et la franchise de son exécution. Peut-être cette statue est-elle la première pensée du Colleone de la place Saint-Jean et Saint-Paul à Venise. — Fin du xve siècle. Haut. 0 mèt. 33 cent.

100 — Le maréchal Trivulce, buste avec chlamyde en marbre. —Italie, xve siècle. Première manière de Jean de Bologne. Haut. 0 mèt. 60 cent.

101 — Deux enfants assis et de grandeur naturelle, par Donatello. Ils tiennent encore des fragments de métal qui paraissent avoir appartenu à des lampadaires. — Italie, xve siècle. (*Catalogue de l'Exposition rétrospective, par M. Darcel.*) Haut. 0 mèt. 60 cent.

102 — Buste d'adolescent: Galéas Visconti; par Verrocchio.— Italie, fin du xve siècle. Ce buste présente encore un reste de cette naïveté archaïque si généralement appréciée. Haut. 0 mèt. 18 cent.

103 — Bassin en cuivre orné de gravures du xiie siècle, représentant l'histoire des Vierges de Cologne. Diam. 0 mèt. 28 cent.

Bien rare spécimen de l'art de la gravure à cette époque.

104 — Baigneuse, par Jean de Bologne. Le socle de cette figure est composé de porphyre évidé et monté en bronze. Haut. 0 mèt. 25 cent.

105 — Un Christ en bronze. — xvie siècle.

106 — Sonnette; bronze italien. — xvie siècle.

107 — Écritoire surmontée d'un monstre ailé.

108 — Écritoire. — xvie siècle.

109 — Deux inscriptions funéraires du xve siècle.

110 — Soldat suisse; flambeau. — xvie siècle.

111 — Statuette de vestale.

112 — Lampe israélite. — xvie siècle.

113 — Bas-relief en bronze : l'Age d'or. Signé P. V. R. Vianen, 1684. (Anciennement doré.)

114 — Bas-relief : Adam et Ève. — XVe siècle.

115 — Nombre de médailles et bas-reliefs.

Ce lot sera divisé.

Faïences
Porcelaines et Terres cuites

FAIENCES ITALIENNES

116 — Deux grands vases à anses de serpents, de forme ovoïde, et décorés d'arabesques. Fabrique de Faenza. Haut. 0 mèt. 50 cent.

117 — Vases à anses contournées; arabesques, par le procédé dit : *bianco sopra bianco*. — XVIe siècle.

118 — Vase à deux anses. — Fabrique de Pesaro.

119 — Gros vase rond. Fruits et feuillages. — Castel-Durante.

120 — Vase à trophées blancs sur bleu. — Faenza.

121 — Vase à deux anses, forme coquille, décor bleu. — Caffagiolo.

122 — Vase à deux anses. Blason encadré d'arabesques. — Castel-Durante.

123 — Vase forme bouteille; médaillon, Valerio. — Castel-Durante.

124 — Vase forme pomme de pin. — Faenza.

125 — Cornet; arabesques, médaillon: saint Jérôme. — Faenza.

126 — Cornet; arabesques, médaillon : Vénus. — Faenza.

127 — Cornet. Le Cheval de Troie; deux génies supportant un blason. — Faenza.

128 — Cornet. Trophées d'armes sur fond orange. — Castel-Durante.

129 — Cornet à médaillons entourés de feuillages. — Castel Durante.

130 — Cornet à trophées camaïeu et à feuillages sur fond bleu. — Faenza.

131 — Cornet, arabesques avec médaillon. — Faenza.

132 — Cornet, arabesques sur fond orange. — Castel-Durante.

133 — Cornet à feuillages et fruits. — Faenza, xve siècle.

134 — Cornet à reflets métalliques sur fond blanc. — Siculo-arabe. xve siècle.

135 — Cornet. ; paysage. — Castel-Durante.

136 — Cornet à feuillages sur fond bleu. — Castel-Durante.

137 — Cornets à trophées sur fond bleu. — Faenza.

138 — 139 — Deux petits cornets : fruits et feuillages sur fond bleu. — Castel-Durante.

140 à 145 — Six petits cornets, de fabriques diverses.

Ce lot sera divisé.

146 à 148 — Trois aiguières à feuillages. — Faenza.

149 — Petit plat à bossages et portrait : Laura Bella. — Fabrique de Gubbio.

150 — Plat: Chasse au sanglier. — Montelupo.

151 — Plat, ornements reflets métalliques. — Deruta.

152 à 154 — Deux assiettes, reflets métalliques, et un plat : Daphné. — Faenza.

155 — Petit plat. Portrait de femme : La Felice Bella. — Faenza.

156 — Plat. Sujet mythologique, par Xantho. — Fabrique d'Urbino.

157 — Petit plat (Cerquate). Buste d'homme au centre. — Castel-Durante.

158 — Petit plat. Camaïeu sur fond bleu : Scipion Romano. — Fabrique de Sienne.

159 — Plat à feuillages ; au centre, buste de femme. — Deruta.

160 — Plat représentant le Déluge. — Faenza.

161 — Plat à bossages, orné d'arabesques. Médaillon : Mars et Vénus. — Faenza.

162 — Petit plat. Cavalier tenant une mandoline. — Faenza.

163—164—Deux plats, l'un à trophée, de Castel-Durante ; l'autre à feuillages et blason, de Fano.

165 — Plat bleu et blanc, bordure à reliefs. — Gênes.

166 — Fontaine en forme de tour crénelée : l'Agneau pascal —Caffagiolo.

167 — Écritoire à ornementation dite d'engobe.

168 — Écritoire : la Nativité. — Faenza, xve siècle.

169 — Écritoire, reflets métalliques. — Gubbio.

170—171 — Saucière, reflets métalliques, Deruta ; et fragment de plat, cavalier.

172 — Salière en forme de navire ; au centre, l'Amour. — Urbino.

173 — Un vase forme pomme de pin et une gourde en faïence blanche.

174—175 — Une soupière et un plat en faïence de Milan.

176—177—Un bouquet fleurs et fruits, et une salière.—Urbino.

TERRES CUITES

178 — Bas-relief circulaire. Monogramme du Christ. — Luca della Robbia.

179 — Fragments de faïence provenant d'un monument.— Luca della Robbia.

180 — Torchère. Suppliant agenouillé. — École Luca della Robbia. — xve siècle.

181 — Bas-relief terre cuite. Griffon héraldique.

182 — Support composé de têtes de chérubins; parties dorées. Terre cuite.

183 — Console ou support en terre cuite, orné d'une tête de chérubin. — XVIIe siècle.

184 — Bas-relief en terre cuite : Carlin, de la comédie italienne.

FAIENCES ET PORCELAINES DIVERSES

185 — Une cruche grotesque en faïence d'Avignon.

186 — Aiguière à décor en relief, faïence d'Avignon.

187 — Plateau en faïence de Moustiers.

188 — Vase à anse en faïence de Perse.

189 — Panse de vase. — Perse.

190 — Petit plateau rond en faïence de Perse.

191 — 192 — Deux tasses en porcelaine de Sèvres.

193 à 198 — Six pots à onguents en porcelaine de Chine, famille verte.

199—200—Potiche à pans, décor bleu, et une théière fond chamois. — Japon.

201 — Petite buire porcelaine Japon, monture dorée.

Verres de Venise

202 — Coupe basse à piédouche.

203—204 — Deux verres forme baril.

205—206 — Deux verres rubis.

207—208 — Bouteille et flacon en verre filigrané.

209—210 — Vase à couvercle et deux flacons à verre bleu.

211—214 — Quatre pièces, dont deux burettes.

215—217— Une bouteille, un verre et un flacon à piédouche.

218—220— Un verre calice et deux gobelets vert émeraude.

221—222 — Deux bouteilles, dont une émaillée.

223—225 — Un verre de Bohême, une boule *millefiori* et un bénitier forme fruit.

226 — Un verre à ailerons, pied forme oiseau.

227—229 — Trois verres à calice et pieds élevés.

230 — Petit broc à anse en verre filigrané.

231 — Coupe à pied élevé et bossages.

232—233 — Deux vases à col allongé en verre bleu.

234—235—Gourde en verre bleu et un vase à large ouverture.

236—237 — Deux grands verres à calice évasé.

238—239 — Deux verres forme tulipe.

240—241 — Deux coupes basses, dont une à bossages.

242 — Petite botte pour le coup de l'étrier.

243—245 — Trois verres variés.

246 — Vase bleu à piédouche.

247—248 — Deux petits vases verre rubis.

249—250 — Coupe basse à bossages et un plateau en verre de couleur.

Ivoires

251 — Custode représentant l'histoire de Jonas.

L'empreinte encore très-accusée de l'art antique permet de placer l'origine de cet objet du VIIe au VIIIe siècle.

252 — La Vierge et l'Enfant Jésus, de style roman. — XIIe siècle.

Cet objet, acquis à Vérone, proviendrait de l'église si curieuse de San-Zeno de cette ville.

253 — Trois volets provenant d'un polyptyque représentant divers sujets. — Art français, XIVe siècle.

254 — Peigne en ivoire, représentant le siége du château d'Amour; revers : le Triomphe. — XIVe siècle.

255 — Couteau à manche rubané d'ivoire et d'ébène; lame gravée. — XVIe siècle.

256—257 — Grain de chapelet et une tête d'enfant.

258—259 — Deux bas-reliefs. Lucrèce; David.

260 — Petit bas-relief. L'Annonciation.

261 — Petit bas-relief. La Nativité.

262 — Pion d'échiquier indien. Un éléphant.

263 — Gaîne contenant un couteau et une fourchette.

264 — Gaîne de poignard en os. — xve siècle.

265 — Saint Pierre, statuette.

266 — Le Christ en croix.

267 — Bas-relief. Saint Jérôme.

268—269 — Deux médaillons portraits. Le Tasse et Claude Lorrain.

Objets divers

270 — Crosse en émail byzantin. — xiiie siècle ; la partie inférieure est du xive.

271 — Encensoir de style roman. — xiie siècle.

272 — Flambeau représentant un personnage monté sur un lion. — xiie siècle.

273 — Calice orné de ciselures, cuvette en argent. — XVIe siècle.

274 — Ostensoir bronze doré. — XIVe siècle.

275—276 — Une anse gothique et un flambeau.

277 — Navette à encens en cuivre doré, décorée d'émaux. — XIVe siècle.

278 — Encensoir de style roman. — XIIIe siècle.

279 — Flambeau byzantin. — XIIe siècle.

280 — Bassin à ornements repoussés. — XVe siècle.

281—283 — Trois autres bassins d'époque et travail analogues.

284—285 — Deux têtes d'applique en cuivre repoussé.

286—287 — Deux paires de flambeaux vénitiens, style arabe.

288 — Coupe arabe.

289 — Coupe arabe damasquinée d'argent.

290 — Petite croix fleurdelisée. — XVe siècle.

291 — Croix ornée d'émaux. — xve siècle.

292 — Grande croix ornée de pierres antiques, personnages en repoussé. — xive siècle.

293 à 296 —Quatre croix ornées d'émaux. — xive siècle.

297 — Bassin en cuivre repoussé ; blason, etc. — xve siècle.

298 — Trois fragments de cuivre gravé.

Usage inconnu.

299 — Plat et aiguière en étain, de Briot.

300 — Petite horloge garnie de fleurs en saxe. — Louis XV.

301 — Horloge en cuivre doré à coupoles découpées à jour. Elle est ornée de gravures et de parties en relief et flanquée de quatre colonnettes.— xvie siècle. Haut. 0 mèt. 42 cent.

302 — Marteau de porte formé par des feuillages enroulés. — Louis XV.

303 — Serrure en fer forgé de l'époque de Louis XIV.

304 — Nombre de chaînons en fer forgé de travail vénitien.

Ce lot sera divisé.

305 — Lavabo en fer forgé, remis en état. Travail vénitien.

306 — Porte de tabernacle en fer forgé. Travail vénitien. — xve siècle.

307—308 — Deux plaques émail de Limoges.

309 — Plateau en émail de Venise. Les ors sont anciens.

310 — Coffret en émail de Venise.

311 — Socle à quatre faces, en marbre, orné de cariatides et de fruits. — Fin du xve siècle.

312—313—Deux plateaux en porphyre rouge oriental. Diam. 0 mèt. 36 cent.

314—315 — Deux figures de saints en albâtre.

316 — Figure de saint Paul en pierre. — xve siècle.

317 — Génie appuyé sur un écusson, marbre. — xve siècle.

318 — Mesure de la fin du xve siècle, dans son étui en cuir gaufré.

319 — Petite lampe de suspension en cuivre.

320 — Livre d'heures par Thielmann Kerver. — xve siècle.

321 — Livre d'heures manuscrit du xve siècle.

322 — Lustre en verre de Venise.

323 — Petite tête de femme en buis. — xvie siècle.

324—326 — Trois génies tenant des écussons, en bois sculpté.

327—328 — Deux morceaux d'étoffe brodée. Grotesques. — xvie siècle.

329 — Deux flambeaux Louis XV, en cuivre gravé.

330 — Deux bras-appliques en bronze.

331—334 — Quatre miniatures variées.

335 — La Camargo, miniature sur ivoire.

336 — Un lot de miniatures de manuscrit du xve siècle.

337 — Socle de pendule Louis XIV, écaille et cuivre.

338 — Cuiller en jaspe sanguin, monture en argent doré.

339 — Miroir indien.

340 — Petit flacon chinois sculpté à deux couches. Matière dure.

341 — Collier en or.— Fin du XVIe siècle.

342 — Petit bénitier en filigrane d'argent orné d'émaux.

343 — Petit cadre en filigrane d'argent.

344—348 — Cinq pièces ambre et cristal de roche sculpté, dont une tête de mort en cristal de roche enfumé.

Armes

349 — Casque damasquiné d'or et d'argent; les jugulaires d'une grande finesse.

350 — Casque de combat. — XVIe siècle.

351 — Casque à visière. — XVIIe siècle.

352 — Morion gravé. — XVIIe siècle.

353 — Morion gravé. — XVe siècle.

354 — Petit modèle d'armure du XVIe siècle.

355 — Marteau d'armes.— XVe siècle.

356 — Masse d'armes. — XVe siècle.

357 — Épée munie d'un ressort qui lui permet de doubler de longueur.

358—387 —Vingt-neuf épées des XVIe et XVIIe siècles, la plupart bien conservées; plusieurs d'entre elles sont ornementées.

Ce lot sera divisé.

388 — Ferrure de pistolet, ornée de gravures.

390 — Diverses dagues de formes variées.

Ce lot sera divisé.

391 — Divers pommeaux d'épées en fer forgé et damasquiné.

Ce lot sera divisé.

392 — Rondache en fer gravé, avec frise d'ornements. — XVIe siècle.

393 — Fer de hallebarde.

394—396 — Trois hallebardes, dont une gravée.

Ce lot sera divisé.

397—398 — Deux cottes de mailles.

399 — Timbre garni de mailles.

400 — Timbre oriental.

401 — Flissah arabe avec son fourreau.

402 — Poignard persan très-ancien; lame moderne.

403 — Yatagan oriental.

404—405 — Un mors de cheval et une paire d'étriers en fer forgé. — XVIe siècle.

406 — Poire à poudre en vernis Martin, monture cuivre.

Meubles

407 — Commode Louis XV, couverte en velours, ornée de bronzes. Long. 1 mèt. 10 cent.

408 — Encoignure, marqueterie de bois.

409 — Meuble à hauteur d'appui, bois de rose. — Louis XV. Long. 1 mèt. 25 cent.

410 — Petite bibliothèque en acajou. Long. 1 mèt. 8 cent.

411 — Petite table de travail en acajou, style Louis XVI. Long. 0 mèt. 80 cent.

412 — Quatre chaises couvertes en velours, sculpture moderne.

413 — Paire de chenets; ornements de ciselures et bossages, ferrure ancienne. — XVIe siècle.

414 — Paire de chenets ; gravures et ferrures anciennes.

415 — Deux petits chenets Louis XVI.

416 — Table du XVIe siècle; la surface d'ébène incrustée d'ivoire et de pierres diverses. L'ancienne peinture qui décorait les pieds a été ravivée. Long. 1 mèt. 47 cent.

417 — Table en bois sculpté, décorée de sculptures. Le pied a quatre colonnettes. — XVIe siècle. Long. 1 mèt. 15 cent.

418 — Autre analogue. Long. 1 mèt. 23 cent.

419 — Table en bois sculpté, à pieds tors.

420 — Une autre à pieds cannelés.

421 — Grande armoire récemment formée de panneaux de la fin du XVe siècle. Haut. 1 mèt. 85 cent. Long. 1 mèt. 90 c.

422 — Lit en bois exotique, composé de balustres à galeries superposées, décoré d'ornements en cuivre, et couronné d'un bas-relief religieux. — Travail portugais. Commencement du XVIIe siècle. Long., 2 mèt. 20 cent.

423 — Bahut orné de panneaux sculptés et de marqueterie de bois dit *della certosa*. — XIVe siècle. Long. 1 mèt. 17 cent.

424 — Petit bahut en bois sculpté. — Art français, xve siècle. Long. 0 mèt. 85 cent.

425 — Cabinet, dont chaque tiroir est orné de bronzes. — xvie siècle. Long. 0 mèt. 50 cent. ; haut. 0 mèt. 42 cent.

426 — Petit cabinet ébène, incrusté d'ivoire. — Fin du xvie siècle. Long. 0 mèt. 83 cent. ; haut. 0 mèt. 38 cent.

427 — Cabinet en ébène, marqueterie ivoire. — Fin du xvie siècle.

428 — Petit pupitre ébène et ivoire gravé. — Louis XIII.

429 — Coffret en marqueterie florentine ; l'intérieur composé de récipients à couvercles de marqueterie. — xive siècle. Long. 0 mèt. 38 cent. ; haut. 0 mèt. 19 cent.

430 — Coffret en marqueterie, représentant divers monuments de Florence. — Travail florentin. Long. 0 mèt. 76 cent. ; haut. 0 mèt. 32 cent.

431 — Coffret à quatre griffes en bois sculpté et doré. — xvie siècle. Long. 0 mèt. 40 cent. ; haut. 0 mèt. 19 cent.

432 — Petit coffret italien orné de pâtes. — Fin du xve siècle.

433 — Petit coffret en cuir gaufré, orné de ferrures. — xvie siècle.

434 — Grand cadre en bois sculpté et doré. Le couronnement conserve encore la peinture qui devait se lier au sujet principal.—XVIe siècle. Haut. 1 mèt. 60 cent.; larg. 1 mèt. 03 cent.

435 — Cadre sculpté du XVe siècle.

436 — Glace et cadre sculpté de l'époque de Louis XIV. Haut. 1 mèt. 78 cent.; larg. 75 cent.

437 — Plusieurs cadres vénitiens en bois sculpté et doré.

Seront divisés.

438 — Plusieurs cadres italiens en poirier et ébène, à incrustations et moulures.

Seront divisés.

439 — Frise en bois sculpté, décorée de rinceaux. — XVIe siècle.

440 — Divers panneaux d'ornement en bois sculpté.

Ce lot sera divisé.

441 — Panneau représentant saint Joseph et l'Enfant Jésus au travail.

442 — Miroir biseauté, avec cadre en bois sculpté.—Travail vénitien. Larg. 1 mèt. 17 cent.; haut. 1 mèt.

443 — Petit miroir Louis XIII. Bordure cuivre repoussé.

444 — Quatre petites lumières décorées d'ornements en pâte. Travail italien.

Peintures sur vélin

444 *bis* — Réunion de 136 portraits-miniatures sur vélin, représentant une grande partie des membres de la famille d'Este.

On y remarque celui du duc Nicolas III, et sur la même feuille, ceux de son fils naturel Ugo-Aldobrandini et de la Paresina, sa seconde femme. Les deux jeunes gens, surpris par le duc, payèrent leur faute du dernier supplice. La date de leur mort, **1425**, se trouve sous chacun de leurs portaits.

Il est évident que l'artiste chargé de dessiner les plus anciens de ces portraits s'est servi pour les uns de documents certains, et n'a pu suivre pour les autres que des données traditionnelles. Aussi quelques-unes des figures manquent-elles d'individualité et le dessin en est-il lourd; tandis qu'à partir du xve siècle le travail devient original, les physionomies sont d'une grande vérité, le trait d'une légèreté, d'une souplesse remarquables.

TABLEAUX

GÉRARD DELLA NOTTE

445 — Jeune Fille tenant une lumière.

GIORGIONE

446 — Ivresse de Noé.

MIGNARD

447 — Marie-Anne Mancini, duchesse de Bouillon, nièce du cardinal Mazarin.

MIGNON

448 — Fruits.

TADDEO GADDI

449 — Saint Étienne.

TEMPESTA

450 — Madeleine dans le désert.

TIEPOLO

451 — Deux Génies.
Toile enlevée.

ÉCOLE DE SIENNE

452 — Volet de diptyque.

ÉCOLE ITALIENNE

453 — Paysage. Effet de neige.

454—455—Deux portraits, l'un d'homme et l'autre de femme — XVIe siècle.

INCONNUES

456 — Tête d'homme.

Esquisse.

457 — Suite de portraits du xve siècle. La vérité, l'originalité des costumes, rendent ces peintures très-intéressantes.

Peints sur bois.

458 — Scène fantastique.

459 — Portrait d'homme.

460 — Portrait d'homme (1625).

ÉCOLE FRANÇAISE

461 — Portrait de Mlle Cico, danseuse.

462—463 — Deux gouaches : Vues de Rome.

464—465 — Deux esquisses : l'Adoration des mages et la Nativité.

Tiepolo.

466 — Sous ce numéro seront vendus les objets non catalogués.

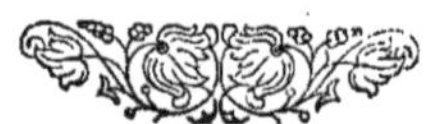

www.ingramcontent.com/pod-product-compliance
Ingram Content Group UK Ltd.
Pitfield, Milton Keynes, MK11 3LW, UK
UKHW021959260726
13994UKWH00004B/1839